親子で実践！　ダッシュ力upの本

3日《か》で足《あし》が速《はや》くなる！

ジョニー・著

青月社

はじめに

はじめまして！ キミの走《はし》りをぐんぐん速《はや》くするコーチのジョニー先生《せんせい》だよ！

この本《ほん》は、「もっと速《はや》く走《はし》れるようになりたい！」とワクワクしているキミのための本《ほん》です。

ぼくは25年間《ねんかん》、たくさんの子《こ》どもたちに走《はし》り方《かた》を教《おし》えるなかで、足《あし》が速《はや》くなるためのヒミツを見《み》つけたんだ！ そして、僕《ぼく》がこのヒミツを教《おし》えた子《こ》たちには、すばやく走《はし》り出《だ》すための「ダッシュ力《りょく》」が身《み》について、走《はし》るのが大好《だいす》きになっていったよ。

足《あし》が速《はや》くなると、いろいろなスポーツで活やくできるんだ！ サッカーなら誰《だれ》よりも速《はや》くボールを追《お》いかけられるし、テニスならすばやく動《うご》いてボールを打《う》ち返《かえ》せる。 野球《やきゅう》やラグビーでも、速《はや》く走《はし》れるとチャンスがたくさん増《ふ》えるよ！

走《はし》り方《かた》を教《おし》えてくれる
ジョニー先生《せんせい》

でもね、もっとすごいのは、キミが練習《れんしゅう》をがんばった時間《じかん》が大切《たいせつ》な思《おも》い出《で》になるということ！　友《とも》だちとの勝負《しょうぶ》、うまくできなかった悔《くや》しさ、そしてついに速《はや》く走《はし》れたときのうれしさ……。そのすべてが、キミにとってタカラモノになるんだよ。

そうそう、これからキミにひとつだけ約束《やくそく》してほしいことがある。それは、おうちの人《ひと》といっしょに楽《たの》しく練習《れんしゅう》すること！

お父《とう》さんやお母《かあ》さんは毎日《まいにち》、お仕事《しごと》や家事《かじ》でいそがしいかもしれないけど、この本《ほん》で教《おし》える練習《れんしゅう》は、おふろに入《はい》る前《まえ》や夜《よる》ごはんの後《あと》など、ほんのちょっとの時間《じかん》でも取《と》り組《く》めるんだ。なぜ、おうちの人《ひと》といっしょがいいのか？　それは、キミのいちばんのコーチであり、応援団《おうえんだん》にもなってくれるから！　いっしょに走《はし》ってアドバイスをくれたり、うまくいかないときはいっしょになやんで、キミを心《こころ》からサポートしてくれたりするんだ。

まずは3日《か》間《かん》、チャレンジしてみよう！　さぁ、速《はや》く走《はし》れる冒険《ぼうけん》のスタートだ！

保護者の方へ

走ることは得意ですか？　運動会の徒競走や体育の時間の持久走で、同級生の背中がどんどん遠ざかっていく……なんて苦い思い出はありますか？　ご自身のお子さまが速く走れるようになってほしい、と願って本書を手に取ってくださった保護者の方のなかには、「走ることが苦手だった自分と同じ想いをしてほしくない」と考えている方も多いのではないでしょうか。

走る力は、子どもたちの成長に欠かせない「体力」「自信」「判断力」などを養うことができます。本書が目指すのは、そうした力を通して誰もが自分の可能性を最大限に引き出し、スポーツをより楽しめるようになることです。ただ速く走るためのノウハウ本ではありません。球技系スポーツに特化した走り方と身のこなしを学び、競技パフォーマンスを根本から向上させる具体的な方法を詰め込みました。私は岐阜県や埼玉県、東京都の幼児から小・中学生まで年間１０００名以上の走りを見ていますが、どんな種目であっても熱心にプレーする子どもたちはみんな、走ることが好きで、そのスポーツを心から楽しんでいます。

これから3日間の練習に取り組む際、もっとも重要なのは**保護者の方も楽しんで身体を動かすこと**です。上手にできなくても、まったく問題ありません。つねに完璧でなくてもいいのです。親が楽しんで練習する姿こそ、お子さまにとって「運動は楽しい」という考えの根源となり、モチベーションアップにもつながります。

そして、できたことはしっかりと褒めてあげましょう。お手本通りの姿勢を保てた・リズムに合わせてジャンプできた……など、些細なことでも見逃さずに褒めると、子どもたちは達成感を得られ、「もっとやってみよう！」という意欲に変わります。

本書で紹介するトレーニングは、どれも短時間で取り組めるものばかりです。毎日ほんの少しでも、親子で一緒に身体を動かす時間をつくってみてください。達成感を共有することでお子さまの自信が育まれ、親子の絆が深まるきっかけにもなります。

楽しみながら、まずは3日間がんばりましょう！

3日《か》で足《あし》が速《はや》くなる！

もくじ

ジョニー先生《せんせい》　プロフィール

大学《だいがく》・社会人《しゃかいじん》ラグビーで身《み》につけた指《し》導力《どうりょく》で、2歳《さい》の子《こ》どもからお年《とし》より・プロのスポーツ選手《せんしゅ》まで、多《おお》くの人《ひと》にスポーツがうまくなる走《はし》り方《かた》や健康《けんこう》でいられる身体《からだ》の動《うご》かし方《かた》の改善《かいかい》をしている。日本各地《にほんかくち》で活動中《かつどうちゅう》!

準《じゅん》備《び》編《へん》

走《はし》る準《じゅん》備《び》

保護者の方へ

速く走るために必要とされる基本的な力は、家庭で楽しく簡単に身につけることができます。これから紹介するトレーニングを通して、「走る力」を引き出しましょう。まずは「おまじない」の練習、「パワーポジション」の練習、「はずむ」練習を毎日続けてみてください。身体の使い方が変わり、速く走るための準備が整います。

「おまじない」の練習には、走るための集中力を高め、体幹を安定させる効果があります。また、「パワーポジション」は素早いスタートに重要な姿勢です。はじめは難しいかもしれませんが、保護者の方がお手本を示してあげることで、お子さまも理解しやすくなります。毎日数秒ずつでも「パワーポジション」の姿勢を保つことで、走りの安定感がぐっと高まりますよ。

これらの3つに慣れてきたら、応用編として「日々のトレーニング」も練習に取り入れてみましょう。走りの基本となる「体幹」と「姿勢」を整えるために、集中した雰囲気で取り組むことが大切です。毎日5~10分の時間を見つけて、親子でチャレンジしてみてください。

準備編《じゅんびへん》

じゅんび

1

元気《げんき》になるおまじない

1

足《あし》を開《ひら》いて、右手《みぎて》をグー・左《ひだり》手《て》をパーにしておなかの下《した》に合《あ》わせる。

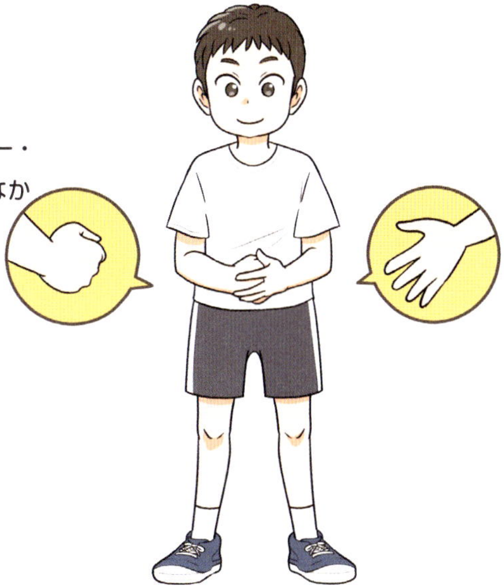

2

大《おお》きく息《いき》を吸《す》いながら、うでを胸《むね》の高《たか》さまで持《も》ち上《あ》げて、後《うし》ろにはらうのと同時《どうじ》におなかから声《こえ》を出《だ》す。

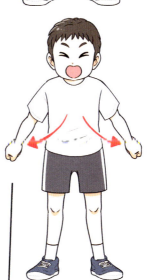

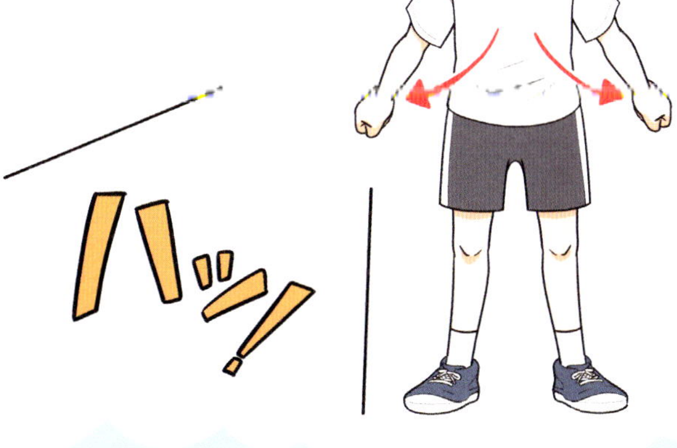

じゅんび

2

パワーポジションをおぼえよう

1 足《あし》を肩幅《かたはば》に開《ひら》き、おしりを後《うし》ろへつき出《だ》す。

2 ひざを曲《ま》げて胸《むね》を開《ひら》くようにして、うでを後《うし》ろへはらう。

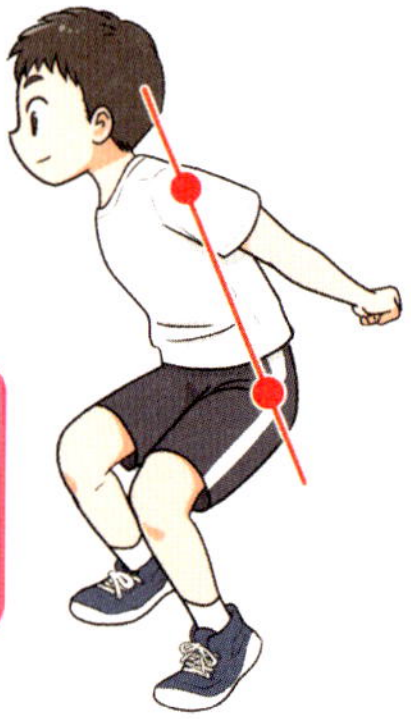

POINT!!

股関節に体重を乗せましょう。

チャレンジ!! 難易度の高い応用編のトレーニングです。無理せず行いましょう。

3 パワーポジションの姿勢《しせい》をたもちながら、四《よ》つんばいになる。

4 すもうの「はっけよい　のこった」のように両手《りょうて》を地面《じめん》からはなして、そのままの姿勢《しせい》を2秒間《びょうかん》キープしてから走《はし》り出《だ》す。

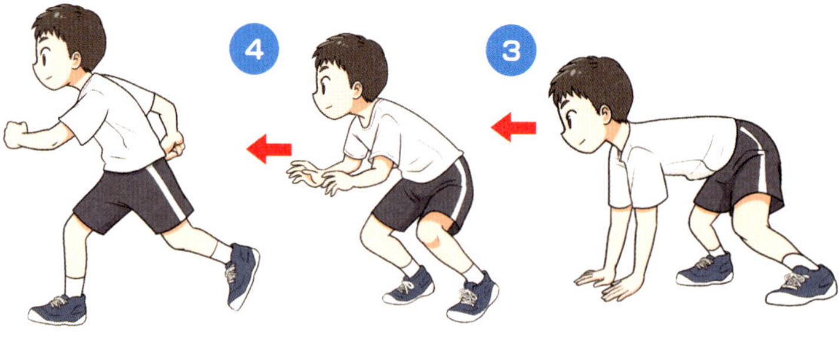

じゅんび

3

はずむ練習《れんしゅう》をしよう

足《あし》を肩幅《かたはば》に開《ひら》いて立《た》ち、両手《りょうて》をまっすぐ上《うえ》にのばす。
ひざが曲《ま》がらないように注意《ちゅうい》してジャンプする。かかとをつけず、つま先《さき》だけでとぶ。

POINT!!

リズムや高さを変えながらジャンプしてみましょう。

保護者の方がリズムを取ってあげましょう

保護者の方と一緒に行うことで、お子さんも安心して取り組めます

日々《ひび》のトレーニング

1

だるまさん

1

足《あし》を肩幅《かたはば》より少《すこ》し広《ひろ》めに開《ひら》いて、ひざとつま先《さき》はこぶし１つ分《ぶん》、外《そと》側《がわ》に向《む》ける。

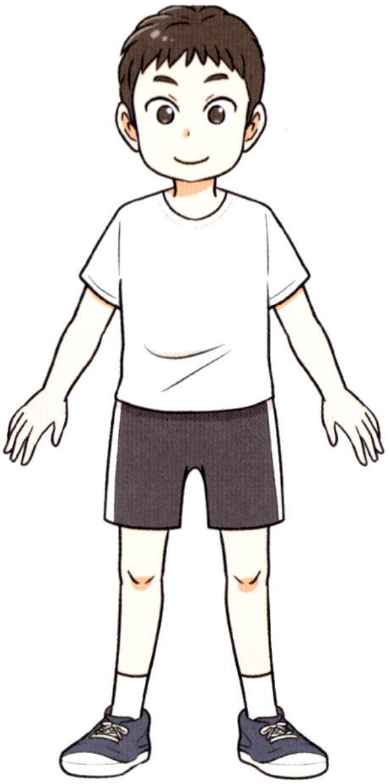

POINT!!

トレーニングを始める前のストレッチを紹介します。簡単に取り入れることができるので、こつこつ続けていきましょう。

2

胸《むね》を張《は》ったまま、腰《こし》を落《お》として両《りょう》手《て》を前《まえ》で組《く》み、身体《からだ》を前後《ぜんご》・左右《さゆう》にゆらす。

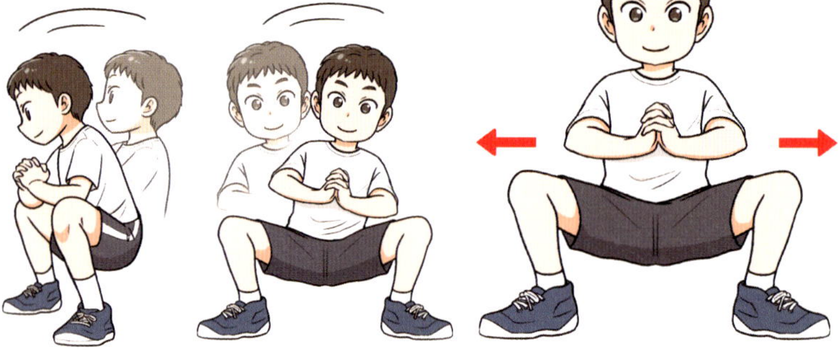

日々《ひび》のトレーニング

2

ごむごむ人間《にんげん》

1

まっすぐに立《た》ち、両手《りょうて》を上《うえ》にのばす。

2

手首《てくび》を反対《はんたい》の手《て》でつかみ、上方向《うえほうこう》に引《ひ》っ張《ぱ》ってから身体《からだ》をななめにたおす。浮《う》かせた足《あし》を上下《じょうげ》にゆらす。

POINT!!

左右どちらも行いましょう。

たしかめてみよう！

きみの走《はし》りは どちらのタイプかな？

走《はし》るときの身体《からだ》の使《つか》い方《かた》は、重心《じゅうしん》を置《お》く位置《いち》によって２つのタイプに分《わ》かれるんだ。まずは自分《じぶん》がどちらに当《あ》てはまるかチェックしてみよう。それぞれのタイプに合《あ》った走《はし》り方《かた》を身《み》につけると、あっという間《ま》に足《あし》が速《はや》くなるよ！

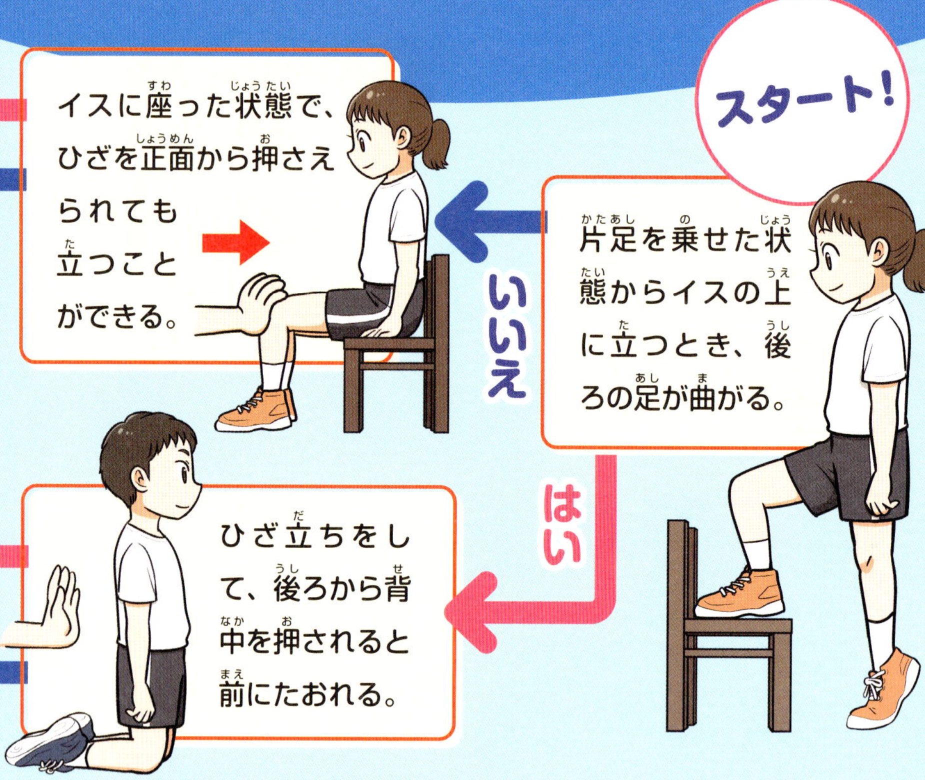

保護者の方へ

本書で紹介するトレーニングは、P17 の結果にしたがってお子さまに適したタイプの練習を行ってください。親子でタイプが異なる場合は、保護者の方が両方のトレーニングにチャレンジして、お手本を示してあげましょう。
＊以降、前足重心のタイプを **FF**、後ろ足重心のタイプを **FR** と表記します。

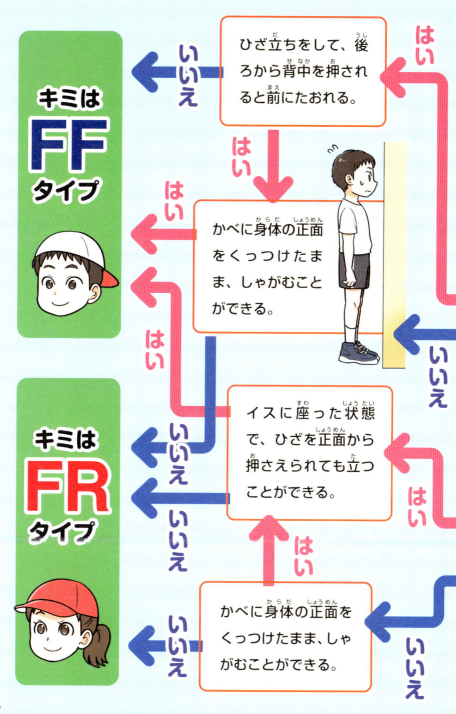

はい

ひざ立《だ》ちをして、後《うし》ろから背中《せなか》を押《お》されると前《まえ》にたおれる。

いいえ

はい

かべに身体《からだ》の正面《しょうめん》をくっつけたまま、しゃがむことができる。

はい

いいえ

はい

キミは

FF

タイプ

イスに座《すわ》った状態《じょうたい》で、ひざを正面《しょうめん》から押《お》さえられても立《た》つことができる。

いいえ

いいえ

はい

はい

かべに身体《からだ》の正面《しょうめん》をくっつけたまま、しゃがむことができる。

いいえ

いいえ

キミは

FR

タイプ

FFタイプ

前足《まえあし》重心《じゅうしん》型《がた》

◎すばやく小回《こまわ》りのきく走《はし》り方《かた》。

◎せまい場所《ばしょ》で方向《ほうこう》を変《か》えることが得意《とくい》。

POINT!!

身体の前方に重心を乗せて、パワーを発揮します。

FRタイプ

後《うし》ろ足《あし》重心型《じゅうしんがた》

◎安定感《あんていかん》のある走《はし》り方《かた》。

◎力強《ちからづよ》く前《まえ》に進《すす》むパワーを持《も》っている。

POINT!!

身体の後方に重心を乗せて、パワーを発揮します。

保護者の方へ

自分の重心タイプを知っておくことは、パフォーマンスを高めるだけでなく、疲労の軽減やケガの予防にもつながります。

また、自分と異なるタイプのトレーニングにも取り組むことで、より幅広い運動能力を得られます。それぞれの特性を理解し、状況に応じた使い分けができるようになると、プレーの幅も広がりますよ。

練習編《れんしゅうへん》 1日目《にちめ》 うでふりを学《まな》ぼう

1日目《にちめ》の練習《れんしゅう》ガイド

1日目《にちめ》はうでのふり方《かた》の練習《れんしゅう》だ！

1日目《にちめ》は、速《はや》く走《はし》るためのうでのふり方《かた》を練《れん》習《しゅう》しよう。これを身《み》につけると、前《まえ》に進《すす》む力《ちから》がぐんと高《たか》まるよ！　前《まえ》のページでかくにんした自分《じぶん》の走《はし》り方《かた》のタイプと同《おな》じページを見《み》ながら取《と》り組《く》んでみよう。

上手《じょうず》にできるようになったら、おうちの人《ひと》とタイミングを合《あ》わせていっしょにうでをふる練習《れんしゅう》や、15秒間《びょうかん》でどちらが多《おお》くうでをふることができるか勝負《しょうぶ》をしてみてね。おたがいをおうえんし合《あ》うと、さらに楽《たの》しくなるよ！

走《はし》ることや身体《からだ》を動《うご》かすことを楽《たの》しいと感《かん》じられたら、いいことがたくさんあるよ！

保護者の方へ

小さな子どもが走るとき、腕をあまり動かさずに走る姿をよく目にします。しかし、速く走るためには腕を振る動きがとても重要です。正しいかたちで腕が使えるようになると、全身の推進力が高まりますよ。1日目の練習では、親子で楽しみながら正しい腕振りを身につけ、スピードアップのコツを学んでいきましょう。

保護者の方は、お子さまの動きに合わせて「ダンダン」「ドンドン」とかけ声を出して、リズムを先導してあげましょう。徐々に声のトーンとボリュームを上げていくことがポイントです。こうしたサポートは、腕振りだけでなく本書のトレーニング全体を通して意識してみてください。

楽《たの》しみになってきた！
キミもいっしょに
3日《か》間《かん》がんばろう！

うでふりのキホン FFタイプ

アッパーカット

「アッパーカット」とは、うでを後《うし》ろから前《まえ》に向《む》けてふり上《あ》げる動《うご》きだよ。
うでをふり上《あ》げるタイミングで、前《まえ》に進《すす》む力《ちから》が強《つよ》まるんだ。そのとき、肩甲骨《けんこうこつ》（背中《せなか》にある骨《ほね》）が広《ひろ》がる感覚《かんかく》を意識《いしき》しよう。

POINT!!

手をグーにして、身体が前に引っ張られるくらい強く引き上げましょう。

うでふりのキホン FRタイプ

チョップ

「チョップ」とは、小指《こゆび》を後《うし》ろに向《む》けて、ひじの後《うし》ろにある大根《だいこん》を切《き》るようなイメージでうでをふる動《うご》きだよ。走《はし》るとき、後《うし》ろの足《あし》を蹴《け》るのと「チョップ」のタイミングを合《あ》わせることで、強《つよ》いはね返《かえ》りの力《ちから》が生《う》まれるんだ。胸《むね》を張《は》って姿勢《しせい》を安定《あんてい》させよう。

POINT!!

手をパーに開きます。

FFタイプ

アッパーカットを練習《れんしゅう》しよう

1　ひじを少《すこ》し曲《ま》げて、後《うし》ろに持《も》っていく。

2　前《まえ》に向《む》かってうでをふり上《あ》げる。

FRタイプ

チョップを練習《れんしゅう》しよう

1 ひじを90°に曲《ま》げて前《まえ》に出《だ》す。

2 ひじを後《うし》ろのほうへふる。

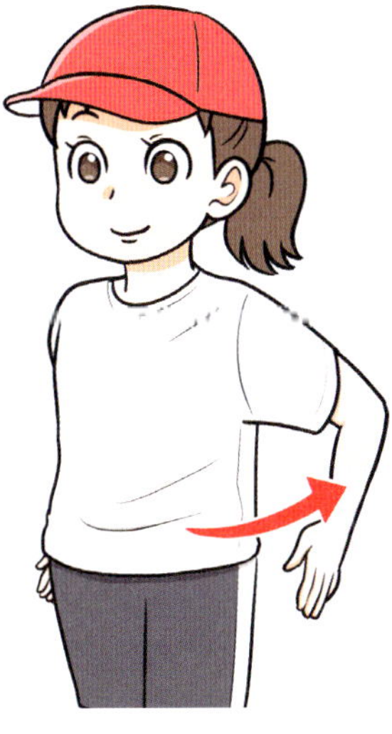

交互《こうご》にうでをふってみよう

1　片足《かたあし》を軽《かる》く後《うし》ろへ引《ひ》いて、少《すこ》しひじを曲《ま》げる。
FFタイプは手《て》をグー、**FR**タイプは手《て》をパーにする。

2　リズムよく交互《こうご》にうでを出《だ》す。

POINT!!

徐々にテンポを上げてみましょう。

親子《おやこ》でチャレンジ1
うでふりリレー

おうちの人《ひと》とリズムを合《あ》わせて、いっしょにうでをふってみよう！

POINT!!

保護者の方が率先してリズムを取ってあげましょう。

親子《おやこ》でチャレンジ❷
うでふりチャレンジ

タイマーをセットして、15秒間《びょうかん》に何回《なんかい》うでをふることができるか、おうちの人《ひと》と勝負《しょうぶ》してみよう。

POINT!!

家族全員で取り組める楽しいメニューです。お互いを応援し合うと、さらに盛り上がります。

保護者の方へ

お子さまにお手本を見せてあげましょう。
親子で一緒に取り組むことが大切です。

POINT!!

保護者の方が上手にできなくても大丈夫！楽しむ姿勢が大切です。

スポーツ選手《せんしゅ》にとって大切《たいせつ》な「止《と》まる技術《ぎじゅつ》」❶

スポーツでは、すばやく動《うご》くことだけでなく、しっかり止《と》まることもとても大切《たいせつ》なんだ。うまく止《と》まることができれば、次《つぎ》の動《うご》きがスムーズにできたり、相手《あいて》の動《うご》きをうまくかわしたりすることができるよ。
それから、止《と》まろうとしたときにバランスをくずすと、足首《あしくび》やひざ、腰《こし》を痛《いた》めることもあるんだよ。ケガを防《ふせ》ぐためにも、正《ただ》しい止《と》まり方《かた》を覚《おぼ》えよう！

止《と》まるときのキホン

1 歩目《ぽめ》でしっかりブレーキをかけ、
2 歩目《ほめ》で安定《あんてい》させる

① 最初《さいしょ》の1歩《ぽ》は、かかとから着地《ちゃくち》して股関節《こかんせつ》に体重《たいじゅう》を乗《の》せる。

② 2歩目《ほめ》は、軽《かる》くつま先《さき》をつけてバランスをとる。

③ 止《と》まったときに手《て》を高《たか》く上《あ》げる。次《つぎ》に動《うご》くときに手《て》をふり下《お》ろす。

POINT!!

急にピタッと止まろうとすると、身体に負担がかかります。
「2 歩で止まる」を意識しましょう。

練習編《れんしゅうへん》 2日《か》目《め》 足《あし》の動《うご》かし方《かた》

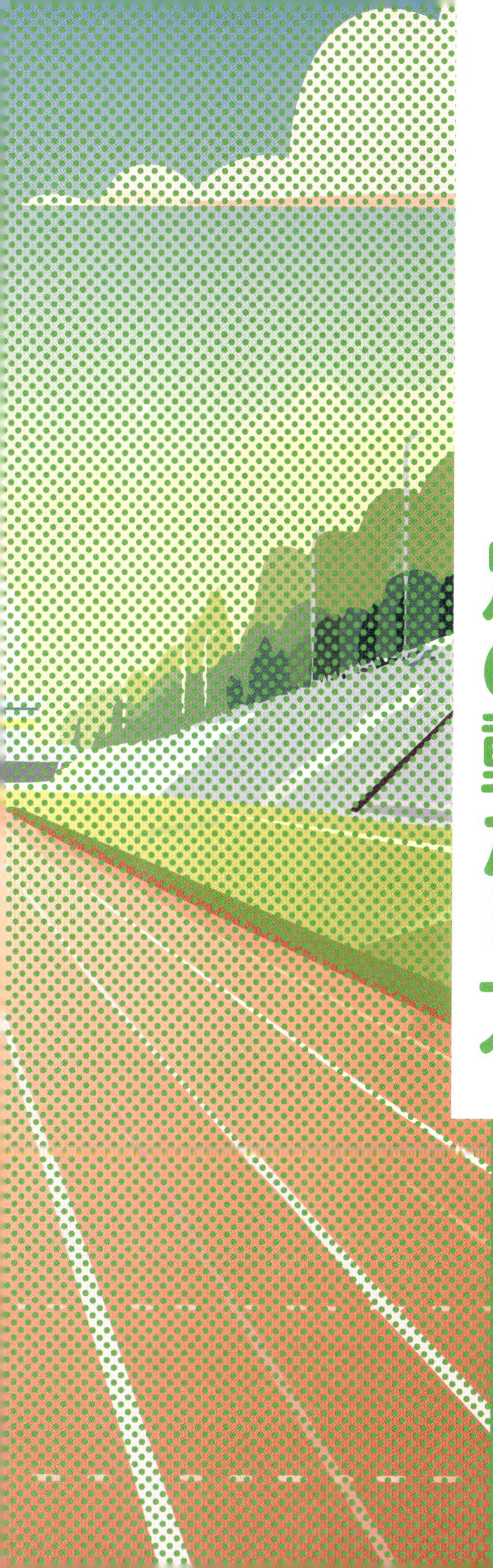

2日目《かめ》の練習《れんしゅう》ガイド

2日目《かめ》は足《あし》の使《つか》い方《かた》の練習《れんしゅう》だ！

1日目《にちめ》の練習《れんしゅう》では、うでのふり方《かた》に気《き》をつけると走《はし》りがスピーディーになることが分《わ》かったね。今日《きょう》は、足《あし》の動《うご》かし方《かた》について学《まな》んでいこう！速《はや》く走《はし》るためには、ひざを使《つか》ってムダなく足《あし》を運《はこ》ぶことが大切《たいせつ》なんだ。まずはかべにつかまって、キミの身体《からだ》に合《あ》ったひざの動《うご》きをチェックしてみよう。

うでのふり方《かた》と足《あし》の使《つか》い方《かた》をマスターできたら、キミの走《はし》りはどんどん良《よ》くなっていくはずだ！

うでのふり方《かた》を学《まな》んだら、少《すこ》しずつ自信《じしん》もついてきたはず！　2日目《かめ》も楽《たの》しく練習《れんしゅう》しよう！

郵 便 は が き

料金受取人払郵便

神田局
承認

1223

差出有効期間
2026年
2月28日まで

1 0 1 - 8 7 9 1

532

東京都千代田区
岩本町3-2-1 共同ビル8F
㈱青月社 編集部行

ふりがな お名前または ペンネーム	男 女	ご年齢 歳 ご職業(学年)

ふりがな

〒 ー

ご住所

Emailアドレス

ご購入先

1.書店(所在地: 都・道・府・県)

2.小社より直送 3.その他( )

>>>裏面もご記入ください

3日《か》で足《あし》が速《はや》くなる!

愛読者カード

この本《ほん》を読《よ》んだ感想《かんそう》や、
速《はや》く走《はし》れるようになったエピソードを、
ぜひ教《おし》えてください。

【保護者の方へ】いただいたご感想・ご意見は、「読者様からの感想」として、匿名にて当社の広報(SNS含む)に使用させていただくことがございますのでご了承ください。

保護者の方へ

子どもは走るとき、足が身体から大きく離れてしまいがちです。これが原因で、次に踏み出す1歩が遅れをとってしまいます。速く走るためには、正しい「膝の使い方」と、無駄のない「足の入れ替え」が重要です。2日目の練習では、足をうまく使ってスムーズに走るための方法を学んでいきましょう。まずは片足ケンケンで足の安定性とバランス感覚を養い、慣れてきたら足を入れ替える練習、バウンディング、と徐々に強度を上げていきます。バウンディングの練習中は、お子さまが安全に楽しめるよう、姿勢が前傾になりすぎていないか注視してあげてください。

P40から紹介しているチャレンジでは、親子で楽しく競い合うことで自信が育まれ、心の成長にも繋がります。

家族《かぞく》みんなで運動《うんどう》すると楽《たの》しいね！

足《あし》ふりのキホン FFタイプ

ひざと足首《あしくび》を使《つか》って足《あし》を前後《ぜんご》にスイングさせるよ。足首《あしくび》は、つま先《さき》が上《あ》がらないように気をつけよう。ひざは開《ひら》きすぎないようにしてね。正《ただ》しいかたちにできているか、おうちの人《ひと》にかくにんしてもらおう。

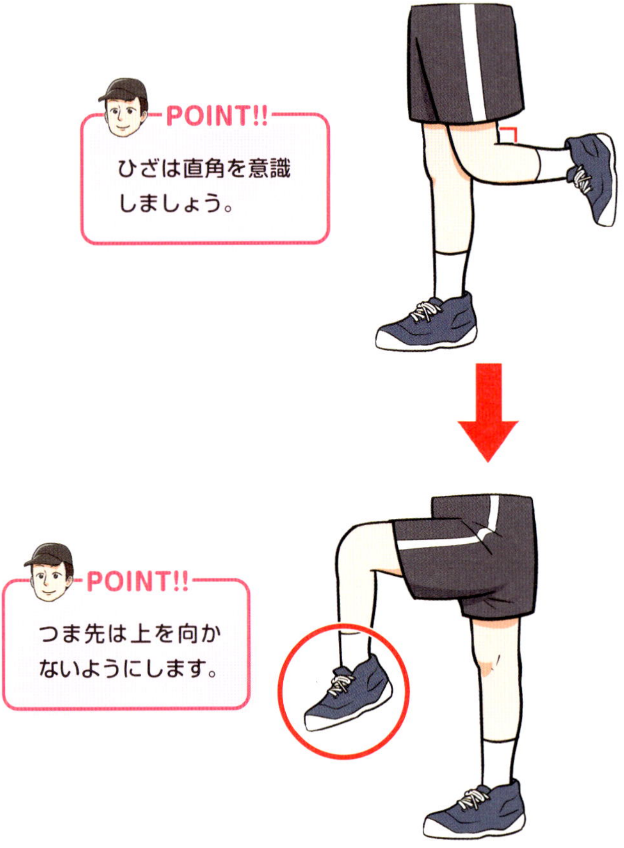
POINT!!
ひざは直角を意識しましょう。
POINT!!
つま先は上を向かないようにします。

足《あし》ふりのキホン FRタイプ

ひざと腰《こし》を使《つか》って足《あし》をスイングさせるよ。足首《あしくび》はがっちり固《かた》めてつま先《さき》を上《あ》げ、ひざが開《ひら》かないようにふってね。正《ただ》しいかたちにできているか、おうちの人《ひと》にかくにんしてもらおう。

POINT!!

ひざが開《ひら》かないようにしましょう。

POINT!!

つま先は上を向くようにします。

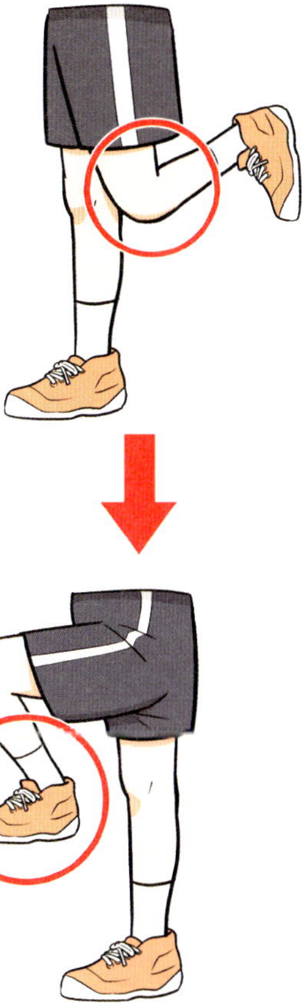

FFタイプ

片足《かたあし》ケンケンを練習《れんしゅう》しよう

1 P36の動《うご》きになれてきたら、ひざを後《うし》ろから前《まえ》へスイングさせてリズミカルにとぶ。

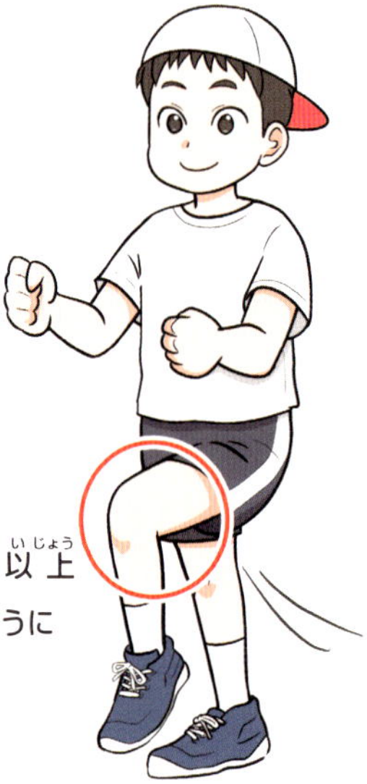

ひざが90°以上《いじょう》開《ひら》かないように

足首《あしくび》はロックしない

POINT!!

前傾にならず、姿勢をまっすぐ保ちましょう。

チャレンジ!!

2 両《りょう》うでを広《ひろ》げ、ケンケンの動《うご》きに合《あ》わせてうでを前《まえ》に回《まわ》す。

POINT!!

1 の動きに慣れてから取り組みましょう。

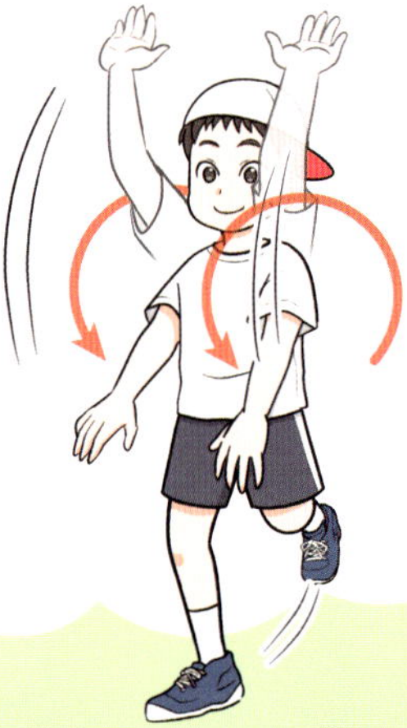

FRタイプ

片足《かたあし》ケンケンを練習《れんしゅう》しよう

1 P37の動《うご》きになれてきたら、ひざを後《うし》ろから前《まえ》へスイングさせてリズミカルにとぶ。

足首《あしくび》をロックさせる

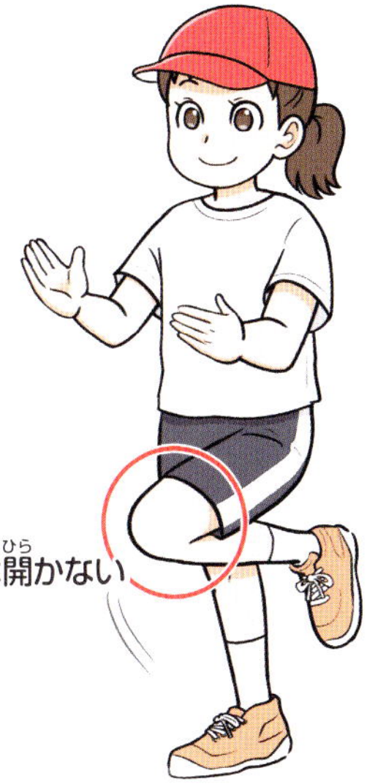
ひざは開《ひら》かない

POINT!!

お子さんも楽しんで取り組めるメニューです。親子で一緒にやってみましょう。

チャレンジ!!

2 両《りょう》うでを広《ひろ》げ、ケンケンの動《うご》きに合《あ》わせてうでを後《うし》ろに回《まわ》す。

POINT!!

1 の動きに慣れてから取り組みましょう。

親子《おやこ》でチャレンジ❶

片足《かたあし》ケンケンのきょりをはかろう

家族《かぞく》のなかで、だれが一番《いちばん》遠《とお》くまで片足《かたあし》でとべるか勝《しょう》負《ぶ》してみよう！

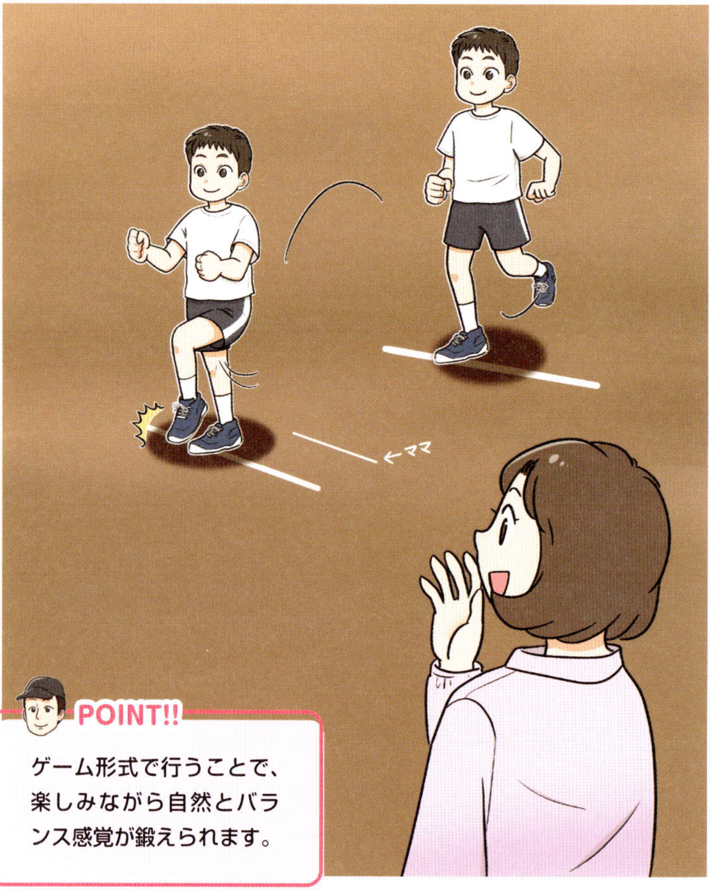

POINT!!

ゲーム形式で行うことで、楽しみながら自然とバランス感覚が鍛えられます。

親子《おやこ》でチャレンジ❷
片足《かたあし》ケンケンで10メートル走《そう》

片足《かたあし》ケンケンで 10 メートル進《すす》めるかチャレンジしてみよう。おうちの人《ひと》と取《と》り組《く》み、クリアできたら次《つぎ》は 15 メートル、20 メートル……と、きょりを長《なが》くすると楽《たの》しんで練習《れんしゅう》できるよ！

POINT!!

楽しく練習することで、自然と「もっと速く走りたい」という意欲を引き出すことができます。

足《あし》の入《い》れかえ練習《れんしゅう》①
その場《ば》ではずむ

片足《かたあし》ずつ交互《こうご》に上《あ》げ下《さ》げをして、リズミカルに足《あし》を入《い》れかえよう。

POINT!!

速く走るために重要な「素早い足の入れ替え」を身につける練習です。

足《あし》の入《い》れかえ練習《れんしゅう》❷
はずみながら前《まえ》に進《すす》む

はずむ動《うご》きになれてきたら、少《すこ》しずつ前《まえ》に進《すす》みながら足《あし》を入《い》れかえるよ。

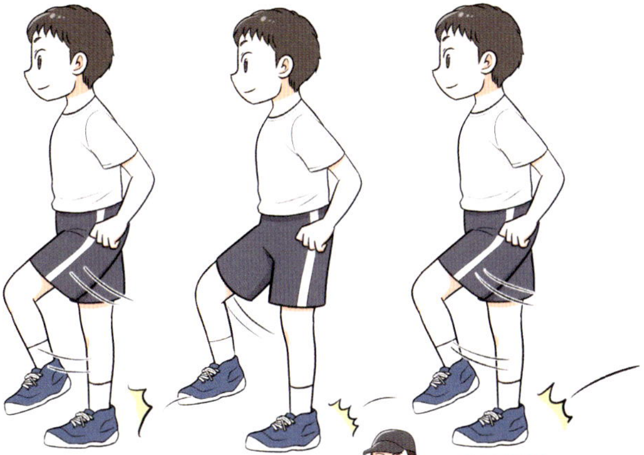

POINT!!
身体の軸を保ち、背中が曲がらないように気をつけて進みましょう。

チャレンジ!!

足《あし》の入《い》れかえ
タイムアタック

15秒間《びょうかん》で足《あし》を何回《なんかい》入《い》れかえられるか、おうちの人《ひと》と勝負《しょうぶ》してみよう。

POINT!!
足の入れ替えをスムーズに行うことで、速く走るためのリズム感が身につきます。

FFタイプ

バウンディングを練習《れんしゅう》しよう

P43「足《あし》の入《い》れかえ練習《れんしゅう》❷」ができるようになったら、そのまま1メートルほど前《まえ》に足《あし》をつき、ゆっくりと進《すす》んでみよう。

POINT!!

ひざを90°に保ちながら膝と足首をスイングする感覚を意識しましょう。
ケガを防ぐため、姿勢が前傾になりすぎていないか注意して見守ります。

FRタイプ

バウンディング
を練習《れんしゅう》しよう

P43「足《あし》の入《い》れかえ練習《れんしゅう》❷」ができるようになったら、そのまま 1 メートルほど前《まえ》に足《あし》をつき、ゆっくりと進《すす》んでみよう。

POINT!!

膝と腰を大きくスイングさせることを意識してみましょう。この動作を通して、全身を使った運動能力を高めることができます。

もっと速《はや》く!

スポーツ選手《せんしゅ》にとって大切《たいせつ》な「止《と》まる技術《ぎじゅつ》」②

正面《しょうめん》ストップ（前《まえ》に走《はし》っているとき）

① 最初《さいしょ》の１歩《ぽ》では、つま先《さき》を前《まえ》に向《む》けて、ひざを少《すこ》し曲《ま》げる。股関節《こかんせつ》に体《たい》重《じゅう》を乗《の》せる。

POINT!!

股関節に対してまっすぐに腰を落とし、姿勢を低くしましょう。

❶

② ２歩目《ほめ》の足《あし》は、１歩目《ぼめ》のかかとの位《い》置《ち》にそろえるように出《だ》す。

POINT!!

前かがみにならないようにしましょう。

❷

練習編《れんしゅうへん》 3日《か》目《め》 スタートが大事《だいじ》！

3日目《かめ》の練習《れんしゅう》ガイド

3日目《かめ》はスタートの練習《れんしゅう》だよ！

2日目《かめ》の練習《れんしゅう》では、速《はや》く走《はし》るためにひつような足《あし》の動《うご》かし方《かた》を学《まな》んだね。すでにキミの走《はし》りは、かなり良《よ》くなっているはず。自信《じしん》を持《も》って練習《れんしゅう》をつづけていこう！

今日《きょう》は、速《はや》く走《はし》るために大切《たいせつ》なスタートダッシュのやり方《かた》を教《おし》えるよ。まずはおうちの人《ひと》に見《み》てもらいながら、2つのスタート姿勢《しせい》をためしてみよう。キミが走《はし》りやすいと感《かん》じたほうをえらんでね。スタートダッシュが決《き》まったら、そのあともぐんぐんスピードに乗《の》って走《はし》ることができるんだ。いっしょにがんばろう！

いよいよ今日《きょう》で
スタートダッシュを
マスターできるよ！
あと少《すこ》しがんばろう！

保護者の方へ

速く走るために、スタートの瞬間は非常に重要です。特に、スタートの構え方と走り始めの「最初の2歩」の加速力が、その後のスピードにも大きく影響します。

3日目の練習では、スタートダッシュを成功させるためのコツや練習方法について学びます。まず、スタートの構え方には**FF**タイプと**FR**タイプの2種類がありますが、お子さまに合ったスタート姿勢を選べるよう、両方とも試してみてください。身体の特性に合った姿勢を知ることで、スタート時の安定感が増し、スムーズに加速できるようになります。また、後半のトレーニングでは、坂道や階段を活用して効率よく瞬発力を鍛えることで、スタートの力強さが短期間で身につきます。保護者の方がお手本を見せることで、お子さまにも自然とやる気が湧いてきますよ。がんばりましょう！

うでのふり方《かた》や足《あし》の動《うご》きにも気《き》をつけて走《はし》るね！

FFタイプ

スタートのかまえ方《かた》

1

前《まえ》に出《だ》した足《あし》と後《うし》ろに引《ひ》いた足《あし》を少《すこ》しはなして、体重《たいじゅう》を前《まえ》の足《あし》に乗《の》せる。

POINT!!

身体が前に倒れるように構え、前足のかかとを地面から浮かせます。こうすると、スタート時の前進力が得やすくなります。

2

前《まえ》の足《あし》で地面《じめん》をしっかり押《お》して、後《うし》ろの足《あし》をすり出《だ》すようにして前《まえ》へふみ出《だ》す。

POINT!!

FRタイプのスタートも試してみて、お子さまに合った姿勢を練習しましょう。

FRタイプ

スタートのかまえ方《かた》

1 前《まえ》に出《だ》した足《あし》のかかとが、後《うし》ろに引《ひ》いた足《あし》のつま先《さき》とならぶように足《あし》を置《お》く。

POINT!!

FFタイプのスタートも試してみて、お子さまに合った姿勢を練習しましょう。

2 後《うし》ろの足《あし》で地面《じめん》をしっかり押《お》して、前《まえ》の足《あし》からふみ出《だ》す。

POINT!!

後ろ足側のおしりの力を使って、身体を前に押し出します。その勢いで前の足を踏み出し、同時に後ろの足で素早く前の足を追い越しましょう。

スタートのテクニック❶
すねを地面《じめん》に向《む》ける練習《れんしゅう》

POINT!!

スタート時の「最初の２歩」は瞬発力と加速力が重要です。ここで紹介する練習を通して、瞬時に地面を蹴って進むテクニックを身につけましょう。

スタートの瞬間《しゅんかん》、すねを地面《じめん》に向《む》けて１歩《ぼ》目《め》をふみ出《だ》そう。

FRタイプ

FFタイプ

POINT!!

スタートから３歩目までは、地面についている足のすねを意識しましょう。

スタートのテクニック❷

短《みじか》い歩幅《ほはば》で２歩《ほ》をふみ出《だ》す

1 ふみ出《だ》す足《あし》の１歩目《ぼめ》は、スタート姿勢《しせい》の位置《いち》からくつ１足分《そくぶん》、前《まえ》につく。

FRタイプは前《まえ》の足《あし》からふみ出《だ》します。

POINT!!

踏み出す幅が広すぎると、すねが地面のほうへ向かず、前進力が弱まります。最初の２歩はできるだけ足幅を小さくして、前傾姿勢で走り出しましょう。

2 ２歩目《ほめ》は、１からくつ２足分《そくぶん》あけて、前《まえ》にふみ出《だ》す。

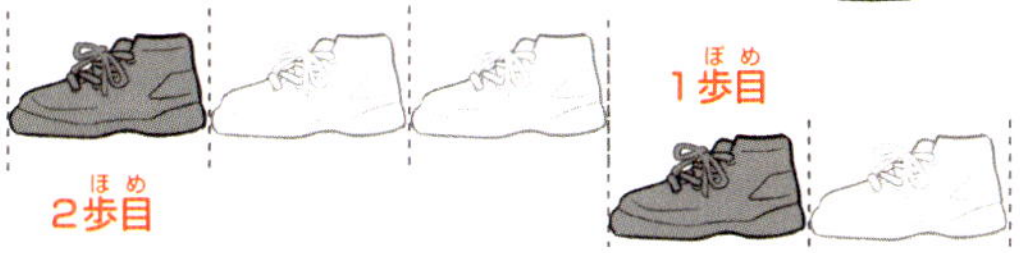

POINT!!

保護者の方が「パッパン！」と手を叩いてリズムをとってあげると、スムーズなスタートが自然と身につくようになります。

スタートのテクニック③

FFタイプ 坂道《さかみち》スタート

上《のぼ》り坂《ざか》で、足先《あしさき》が地面《じめん》すれすれを通《とお》るようにして走《はし》り出《だ》す練習《れんしゅう》をしよう。

POINT!!

平地よりも足に大きな力をかける練習のため、瞬発力が身につきます。

スタートのテクニック④

FRタイプ 階段《かいだん》スタート

階段《かいだん》を足《あし》でたたくようにして走《はし》り出《だ》す練習《れんしゅう》をしよう。

POINT!!

足をしっかりと地面に押しつける感覚が身につくため、より力強い走りができるようになります。

親子《おやこ》でチャレンジ①
スタートダッシュ競争《きょうそう》

坂道《さかみち》や階段《かいだん》を使《つか》ったスタート練習《れんしゅう》に親子《おやこ》で取《と》り組《く》み、どちらが速《はや》くかけ上《あ》がることができるか勝負《しょうぶ》しよう。

POINT!!

お互いに励まし合って取り組むと、楽しみながら瞬発力が鍛えられます。

親《おや》子《こ》でチャレンジ②

スタートスピード競《きょう》争《そう》

スタートからゴールまでの５メートルのきょりを親《おや》子《こ》で走ろう。どちらが速《はや》くスタートして走《はし》れるか、競《きそ》ってみてね。

POINT!!

チャレンジ形式の練習を通して、スタートダッシュを楽しく学びましょう。お子さまが成功体験を重ねていくことで、さらに走ることが楽しく感じられます。

もっと速《はや》く!

スポーツ選手《せんしゅ》にとって大切《たいせつ》な「止《と》まる技術《ぎじゅつ》」③

横向《よこむ》きストップ

① 1歩目《ほめ》は、止《と》まりたい方向《ほうこう》と反対《はんたい》の足《あし》をななめ前《まえ》に出《だ》して、かかとから地面《じめん》につく。

② 2歩目《ほめ》は、止《と》まりたい方向《ほうこう》へ半歩《はんぽ》ふみ込《こ》む。そのとき、ふみ込《こ》んだほうの手《て》を上《あ》げる。

POINT!!

手を上げて止まることで腕を振り下ろしやすくなり、次の動き出しが素早くなります。

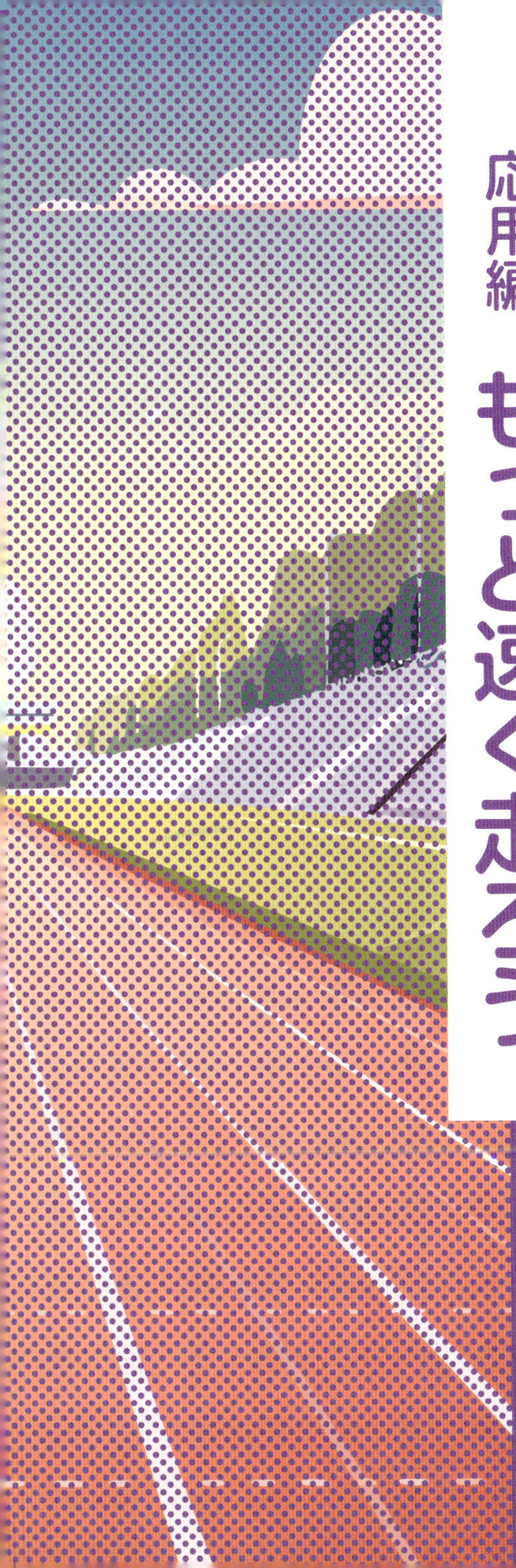

応用編《おうようへん》

もっと速《はや》く走《はし》ろう

「加速《かそく》ゾーン」とは？

スタート後《ご》、さらにスピードを上《あ》げていくための約《やく》5～15メートルの区間《くかん》をここでは「加速《かそく》ゾーン」と呼《よ》ぶよ。ここでうまくスピードをつけられると、長《なが》いきょりを速《はや》くかけ抜《ぬ》けることができるんだ！

GOAL
START
加速ゾーン
今回は「加速ゾーン」での
走り方と、その練習方法を
学んでいきましょう。

加速《かそく》ゾーンでは、スタートダッシュでの前《まえ》のめりの姿勢《しせい》を少《すこ》しずつ起《お》こして、リズミカルにはずむような走《はし》りに切《き》りかえることが大切《たいせつ》なんだ。その練習方《れんしゅうほう》法《ほう》として、短《みじか》いきょりで全力《ぜんりょく》を出《だ》す「15メートル走《そう》」を紹介《しょうかい》するよ。1回《かい》に走《はし》るきょりが短《みじか》いので、無理《むり》なく練習《れんしゅう》をくり返《かえ》すことができるんだ。親子《おやこ》でタイムを競《きそ》い合《あ》い、楽《たの》しみながら加速力《かそくりょく》やスピードをたもつ感覚《かんかく》を身《み》につけよう！

加速《かそく》ゾーンで気《き》をつけること❶

姿勢《しせい》

スタートしてすぐの前《まえ》のめりの姿勢《しせい》から、だんだんと身体《からだ》を起《お》こしていこう。

POINT!!

肩と背中を引き上げ、上体をリラックスさせることで自然に加速しやすい姿勢が取れます。

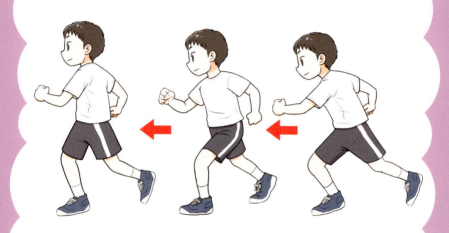

加速《かそく》ゾーンで気《き》をつけること②

リズム

加速《かそく》ゾーンに入ったら、足《あし》が地面《じめん》についている時間《じかん》を短《みじか》くして、軽《かる》くはずむように走《はし》ろう。はずみながら足《あし》をスムーズに入《い》れかえることで、どんどんスピードをつけることができるよ。

POINT!!

保護者の方が手を叩いたり声をかけたりして弾むリズムをサポートしてあげると、お子さまも自然にリズムがつかみやすくなります。

親子《おやこ》でチャレンジ

15メートル走《そう》のタイムをはかろう

平《たい》らな場所《ばしょ》で15メートルのきょりをはかって、スタートとゴールの位置《いち》を決《き》めよう。今《いま》までに練習《れんしゅう》したことを思《おも》い出《だ》しながら、15メートルを全力《ぜんりょく》で走《はし》ってみてね。

POINT!!

15メートル走のタイムを測定し、記録をつけておきましょう。定期的にタイムを測ることで、成長を実感できます。

15メートル走《そう》の平均《へいきん》タイムを見《み》てみよう！

15メートル走《そう》の平均《へいきん》タイム (2024年《ねん》)

年《ねん》 少《しょう》	5.199秒《びょう》
年《ねん》 中《ちゅう》	4.315秒《びょう》
年《ねん》 長《ちょう》	3.820秒《びょう》
1年生《ねんせい》	3.605秒《びょう》
2年生《ねんせい》	3.431秒《びょう》
3年生《ねんせい》	3.258秒《びょう》
4年生《ねんせい》	3.155秒《びょう》
5年生《ねんせい》	3.066秒《びょう》
6年生《ねんせい》	2.923秒《びょう》

※「DASH15プロジェクト」に参加した幼児から小学生まで、のべ3000名の子どもたちの平均値

保護者の方へ

「速く走れるようになりたい！」と思ったとき、まず陸上競技の技術に目を向けることが一般的です。では、お子さまが「速く走れるようになりたい」理由は何でしょうか？　徒競走で１番になりたい、リレーのアンカーになりたい、陸上競技の大会で結果を残したい……といった目的であれば、陸上競技の技術を学ぶことは正しいかもしれません。

しかし、野球の試合で盗塁できるようになりたい、サッカーやバスケットボールのゲームで誰よりも速くボールに追いつきたい、テニスで素早いフットワークを身につけたい……といった目的の場合、必ずしも陸上競技の技術が役に立つとは限らないのです。

陸上選手

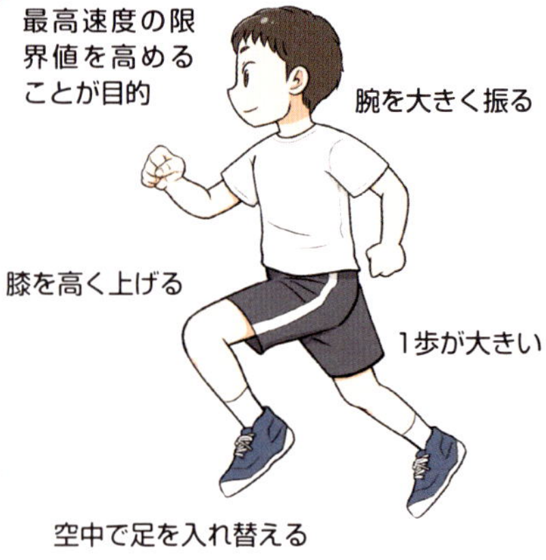

球技系スポーツ選手

球技特有の走り方には、瞬時の判断と身体の反応が不可欠であり、これは陸上選手が持つ直線的なスピードの出し方とは異なるスキルが必要とされます。

本書で紹介してきた走り方や練習方法は、じつは野球やテニス、サッカー、バスケットボールといったさまざまな球技系スポーツに活かすことができます。
まず、球技で重要とされるのは爆発的な身体の動きです。15メートルほどの短距離で発揮される「ダッシュ力」はその際たる例ですが、そのほかにも、スポーツを観戦しているとテニスのサーブ時や野球のピッチャーが速球を投げるときの雄叫びなどを耳にしたことがあるかと思います。これは、声を出すことで腹圧を高め、体幹を安定させることで運動時の力の伝達効率を向上させているのです。

P11 で紹介した「おまじない」の練習は、こうした原理を活かして効率的な身体の使い方を身につけるためのトレーニングです。

P12「パワーポジション」の練習では、相手のプレッシャーに負けないボディバランスが鍛えられます。また、2日目に紹介した足振りの練習にはステップワークの要素も含まれており、足さばきや方向転換の精度を向上させることができます。

ボールをキープする
際の安定感が高まる
足さばきや方向転換
の精度を向上させる
バッティングの
パフォーマンス
を高める

球技系スポーツでは、チームメイトや相手選手、ボールの動きなどの状況に応じて、走りながら方向転換をしなければいけません。同時に、パス・キック・キャッチ・シュートなどの動作も行うため、高度な身体の連動性が必要とされます。これまでに紹介してきたさまざまなトレーニングを活かして、楽しみながらパフォーマンスを高めましょう。

おわりに

走ることは、あらゆるスポーツの出発点であり、子どもたちが自然と楽しさを感じられる運動です。走る喜びから身体を動かす楽しさを知り、少しずつ運動への興味が芽生え、これがやがてサッカーやバスケットボール、野球、ラグビーといった多彩なスポーツへの「扉」を開くきっかけとなります。そして、それらの競技を続けるうえで大切なことは、そのスポーツを「好き」と思える気持ちです。成長の過程で、時にはケガをしたり身体の変化に悩んだりすることもあるでしょう。だからこそ、競技の枠を越えて「身体を動かすこと自体が楽しい」というベースをしっかりと育むことが大切です。「走ることが好き」「運動が楽しい」という気持ちが根づいていれば、さまざまな競技に興味が広がり、いつか夢中になれるスポーツに巡り合うはずです。その出会いは、子どもたちにとってきっと一生の成長と喜びの源になります。

また、昨今のスポーツ界において「足が速いこと」は競技を問わず一目置かれるスキルです。しかし、多くのチームはそれぞれの競技特有の練習に時間を費やすため、走力を高める機会が不足しがちです。そのため、幼いころから走る力を育むことはスポーツの可能性を大きく広げる重要な基盤となります。

どんな競技であれ、練習を積み重ねていくことで、子どもたちは挑戦する意欲や粘り強さ、そして継続する力を身につけていきます。これらはスポーツだけにとどまらず、人生を通じて役立つ力です。保護者として成長の旅路を支えながら、お子さまが走り続ける未来を一緒に見守りましょう。

2025年4月　吉日　　著者

足《あし》が速《はや》くなるためのヒミツを知《し》ったみんなが、これからもスポーツを楽《たの》しめることを願《ねが》っているよ！

親子《おやこ》で実践《じっせん》！ ダッシュ力《りょく》upの本《ほん》

3日《か》で足《あし》が速《はや》くなる！

発行日　2025年4月18日　第1刷

定　価　本体1200円＋税
著　者　ジョニー
イラスト　華緒はな
発　行　株式会社 青月社
〒101-0032
東京都千代田区岩本町3-2-1 共同ビル8F
TEL 03-6679-3496　FAX 03-5833-8664
印刷・製本　ベクトル印刷株式会社

ISBN 978-4-8109-1360-6